RECUEIL
NOTÉ
DE
CHANSONS
DE M. VADÉ.

Le prix est de 24 sols.

A LA HALVILAVERGERRICOMIQUE.

4071701

AVERTISSEMENT.

*C*OMME *presque toutes les Chansons de M. VADÉ sont entre les mains de beaucoup de monde, on a cru pouvoir en rassembler ici une partie sans lui faire de peine. En attendant que son loisir le mette dans le cas d'éprouver le même tour, on l'avertit qu'on est à la découverte de celles qui manquent pour completter un Recueil.*

RECUEIL DE CHANSONS,

DE M. VADÉ.

RONDE DE TABLE.

Noûs voyons à cette table
Briller les jeux & les ris;
Le vin anime Cypris,
Cypris rend le vin aimable.
C'eſt ici, &c.

Bûveurs toûjours ſans ivreſſe,
Amans toûjours délicats;
Ah! plus loin ne cherchez pas
Le bien qui vous intéreſſe.
C'eſt ici, &c.

Vainement on eſt en garde,
On céde au fils de Vénus
Quand il trempe dans ce jus
Le ſubtil trait qu'il nous darde.
C'eſt ici, &c.

Bacchus doit ſouvent ſa gloire
A l'objet de notre ardeur;
Un Amant devient Bûveur
Dès qu'à ſa belle on veut boire.
C'eſt ici, &c.

Sans l'eſpérance de plaire
Souvent l'eſprit même eſt ſot,
Et rarement un bon mot
Vient ſans le ſecours du verre.
C'eſt ici, &c.

De la charmante Thémire
Célébrons tous la ſanté;
Elle eſt notre Déité:
Sans elle pourrions-nous dire!
C'eſt ici l'heureux ſéjour
De Bacchus & de l'Amour.

TABLEAU.

RONDEAU.

un n'e- xiſte, D'un Evange- liſte Prend le

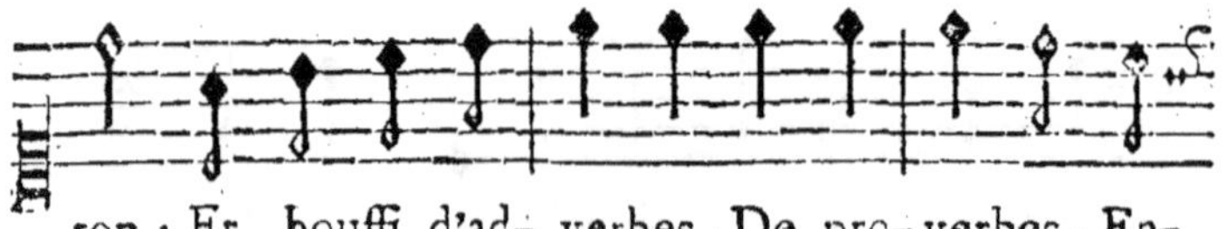

ton ; Et bouffi d'ad- verbes, De pro- verbes, En-

2. *Repriſe.*

richit ſon dictum. Li-queur ver. Plaignons

le ſort d'un Ri- meur ; L'eſprit toujours en ru-

meur, Il faut qu'il flat-te l'humeur, Et la hau-

teur D'un Pro- tecteur ; Craignant du Lecteur Le ca-

racte-re cen- ſeur. Un Prédi-ca- teur Faiſant
le Docteur, Souvent porte en ſon cœur L'er-
reur Qu'il con- damne; Son audi- teur Eſt
moins que lui pro- phane. Liqueur ver.
3. Repriſe.
Chicaneurs complets, Membres du Pa- lais,
Par vos longs dé- lais, Rongez l'orphelin & la

veuve. Abbez douce- reux, Plumets dange-

reux, D'une fille neuve Gâtez le cœur vertu-

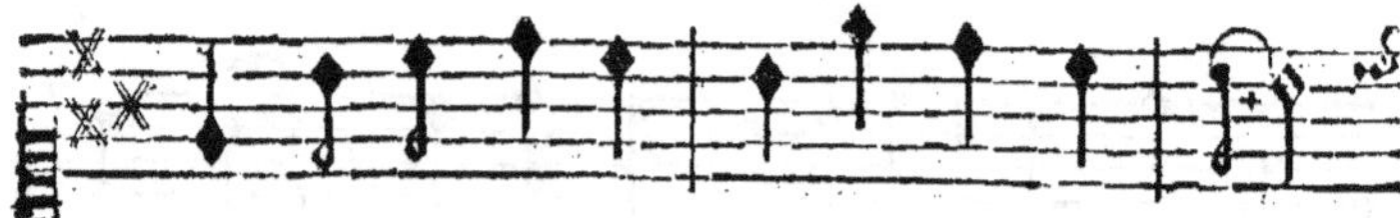

eux. Riche maltô- tier, Du monde en- tier

Tirez la ſub- ſtance; Crévez d'opu- lence;

Malgré Luci- fer, A tout l'Enfer, Donnez des

Loix; Quoique les diables ſoient adroits, Levez ſur

eux des droits. Sans la Mu- ſique on eſt Be-
nêt, Fût-on, Newton ; On ne ſçait rien ſans la Mu-
ſi- que ; Il faut s'annoncer d'un mi, D'un fa, D'un
ſol, d'un ſi, D'un la ; On vous cri- ti-que Sans cela. Mais pour faire un Mé-di- a- teur Manque un Ac-
teur, Et ſi vous n'êtes point jou-eur, Au- tre mal-

heur! On vous maudit, On s'entre- dit, Un tel Crétien

tien N'est bon à rien; Si vous restez, Vous ir- ri-

tez Eh, morbleu, croyez-moi, sor-tez. Mais arrive

un jeune étour- di, Joueur har- di, Mu-ni d'un

jargon sin-gu- lier, Et parlant d'un ton fa-mi-

lier: Il se jette dans un fau-teuil, Prend du ta-

L'OCCASION MANQUÉE.

el-le, Ah! Ma-man, que je l'échappe belle :

Qu'on a de rai-son De se dé- fi- er d'un gar-

çon. Il s'ap- proche de moi sans rien dire,

Le fri-pon soudain Me prend la main, Je la re-

tire; Il sou- rit, je le gronde, il sou-

Il pourſuit, je m'étonne, il m'embraſſe,
Un prudent effort,
De ſon tranſport,
Me débaraſſe;
Mais voyant rédoubler ſon audace,
J'avois bien regret
De n'avoir pas mis un corſet.
Ah! Maman, &c.

Malgré moi, mon ſein frappe ſa vûe,
Je le couvre en vain,
Il va plus loin,
J'en ſuis émûe:
Les deux mains, quand on eſt preſque nue,
Ne ſuffiſent pas
Pour voiler ce qu'on a d'appas.
Ah! Maman, &c.

En tremblant je recule, il s'avance;
Le traître à l'inſtant,
D'un air content,
Sur moi s'élance;
Son ardeur forçoit ma réſiſtance;
Mais le ſuborneur
S'enfuit voyant entrer ma ſœur.
Ah! Maman, &c.

CONSEILS.

Avant faites-vous des leçons
Sur le caractere des hommes,
Et ſongez que nous nous donnons
Rarement pour ce que nous ſommes.

Tel, avec un eſprit brillant,
Vous peint ſa tendreſſe & vos charmes,
Qui près d'une autre, en vous quittant,
Va ſe ſervir des mêmes armes.

Cet autre, à votre aimable aspect,
Sera soumis en apparence;
Mais fiez-vous à son respect
Bien moins qu'à votre résistance.

Celui-ci semble être tout feu,
Ses pleurs sont garans de sa peine:
Mais a-t-il surpris votre aveu,
Il rompt ses fers & vous enchaîne.

Gardez-vous aussi d'un muguet,
Qui joint la fadeur à l'hommage;
Il est léger dans son caquet,
Mais son cœur l'est bien davantage.

Ne mordez point à l'hameçon
De gens qu'on nomme raisonnables;
Gens si capables de raison
De bien aimer sont peu capables.

Mais s'il se présente un amant,
Doux, complaisant, discret, sincere,
Dont le cœur peint le sentiment,
Laissez-lui voir qu'on peut vous plaire.

Que de votre part le retour
Pour vous assurer sa constance,
Ajoute aux liens de l'amour
Les nœuds de la reconnoissance.

LA RESISTANCE VAINE.

MENUETS ITALIENS.

AH ! tu veux que j'ex- pi- re, Cruel- le

Thé- mire ! Ton Berger Ne peut donc t'enga-

ger? Craindrois-tu de le voir lé- ger ? Faut-

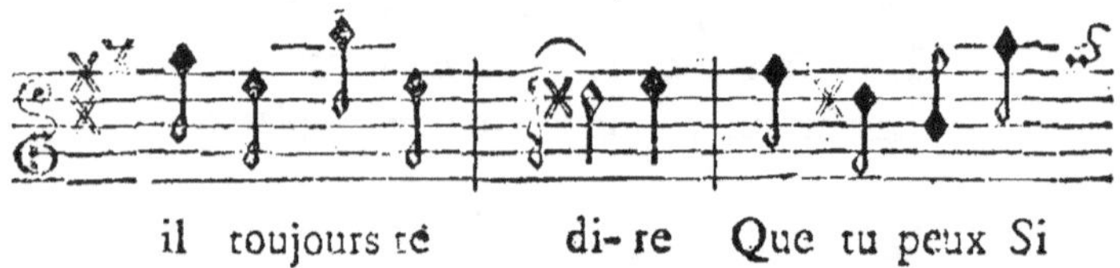

il toujours té di- re Que tu peux Si

tu le veux Me rendre heureux ? Dans tes beaux

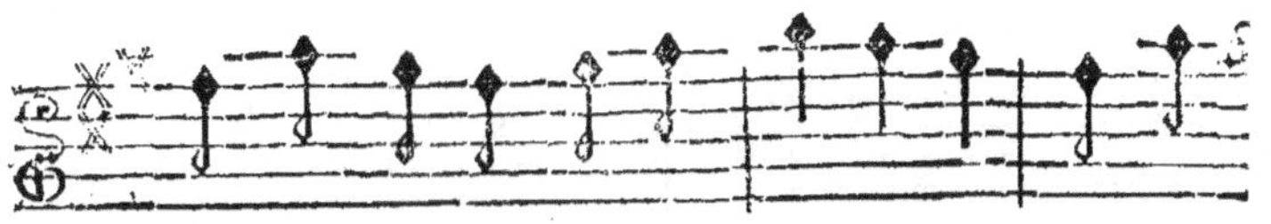

yeux Que dois-je li- re ? Connois mes feux Par

mon marty- re. Mais tu ne me réponds

pas, Berge-re ingratte, hé- las ! Tu veux &c.

Berger, mon cœur n'eſt point fait Pour ſer- vir

votre at- tente, L'Amant que l'on ſa- tis- fait

N'eſt plus amant en ef- fet. Que vo-

tre cœur se con- tente De sou-pi- rer, De
dé-si- rer: D'une tendresse in- nocente, I-
mitez- moi, Suivez la loi, Cher Tircis; C'est
à ce prix Que je se- rai cons- tan- te:
Mê-me je veux bien o- ser, Pour vous y dispo-
ser Vous donner ce bai- ser. Mais, mais,

C'eſt plus que je n'en per- mets : Laiſſez-moi donc

là ; Comme le voi- là ! Que veut di- re ce-

la ? Oui da, Voyez comme il y va. Que

le drôle eſt ſub- til ; Que fait- il ? Mais peut-

être Que le traitre Croit avoir Le ſe-

cret de m'émou- voir. Malgré votre ar- deur

J'ai trop de pu- deur ; Je vois vos desseins ; Tous

vos efforts sont vains. Mais, mon re- fus Est su-

per- flus Je n'y tiens plus. Hé- las !

Te voi-là donc dans mes bras. Ah ! quand un

cœur a combat- tu Le plai- sir doit pa-

yer sa ver- tu.

LE GOUT de bien des Gens.

CONTRE-DANSE.

AIR. *De l'Equipage.*

UNe Fille Qui toujours sau- til- le,

Dont l'air a- ga- çant Annonce un feu nais- sant;

Ferme, franche, Beaux yeux, gorge blanche,

Cet objet est tout Ce qui flatte mon goût.

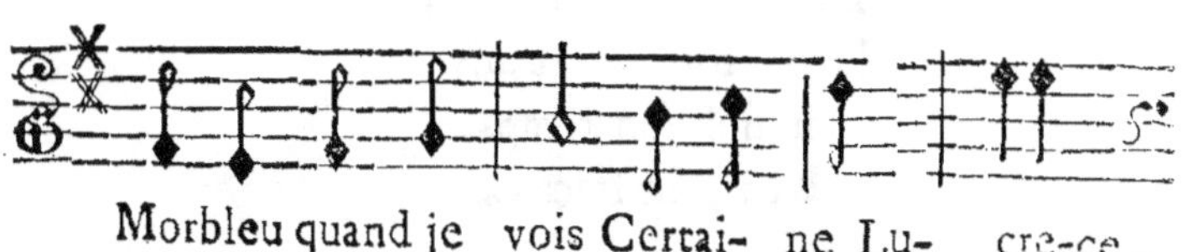

Morbleu quand je vois Certai- ne Lu- cre-ce,

Qui des Loix D'une auſtere ſa- geſſe M'entre-

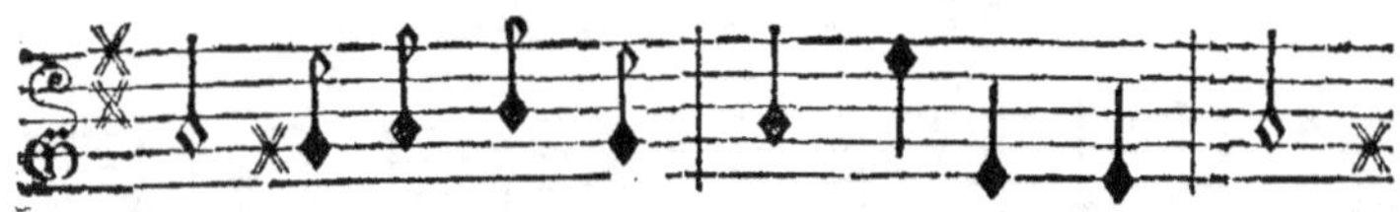

tient; Et cent fois me tient De ces pro- pos

Senſés ou bi- gots : Moi, ſur un ton Qui la con-

fond, Je lui ré-pond : U- ne Fille, &c.

Je ris des attraits
De cette coquette,
Dont les traits
Naiſſent de ſa toilette :
Envain l'art
Lui prête un rempart;
Deux fois vingt ans
Ont filé ſon temps.
L'or, le fracas,

Les faux appas
Ne valent pas
Une fille, &c.

Pourquoi vante-t-on
Les airs de nobleſſe,
Et le ton
De petite Maîtreſſe!
D'une Iris
Inſenſible aux ris,
Qui minaudant,
Vous trouve excédent;
Cligne les yeux,
Et fait des nœuds:
J'aime bien mieux
Une fille, &c.

L'HOMME A LA MODE,

MENUET en Rondeau.

neur vous ne vous formez pas. Les jo- lis bras ! En-

cor de l'embar- ras ? Cet-te rou-geur me dé- ſeſ-

pe-re. . . Hé-las ! De tous vos hé- las, Ma Reine,

en-fin je ſuis las. Vous fuy-ez, vous partez ?

Ah ! par-bleu, vous plaiſantez ; Je vous tiens : vous ſon-

nez ! Mais, mais, vous me ſurpre- nez ! Car

VE'RITE'S A MADAME.

ne n'a point re-cours ; Que pour d'autres il

ré- ſerve, Son emphaze & ſon ſe- cours :

Luy ſeul dit-on donne l'être A l'eſprit; C'eſt

s'abu- ſer : On fait tout a- yant pour maître,

L'eſpoir de vous a- mu- ſer.

Les ris ſuivis de leur Mere
Tracent votre aimable humeur,
Et laiſſent le reſte à faire
Au pinceau de la candeur ;
L'amitié toûjours ſincère
Peint votre cœur généreux ;

Et le flambeau de Cithere
Eſt l'image de vos yeux.

Tour à tour naïve, ou fine,
Le grave même vous ſiéd;
Quand avec vous on badine
Vous en êtes de moitié;
Mais ce galant aſſemblage
Ne doit point être ſuſpect,
Vous ſavés au badinage
Donner le frain du reſpect.

Vif, leger, ſans artifice;
Amuſant, chéri de tous....
Mais déja par cette eſquice,
Vous connoiſſez votre Epoux:
Envain ma Muſe s'arroge
Le droit de l'apprécier
Votre choix fait ſon éloge
Bien mieux qu'un Poëme entier.

LES AMANS TELS QU'ILS SONT.

d'un ai- mable ob-jet, Vai- nement l'esprit exa-

9
3
6
8
mine, Si le cœur a bien ou mal fait;

On suit les loix de la ten- dresse, La rai-

son murmure, & se tait; Du trait enchanteur qui nous

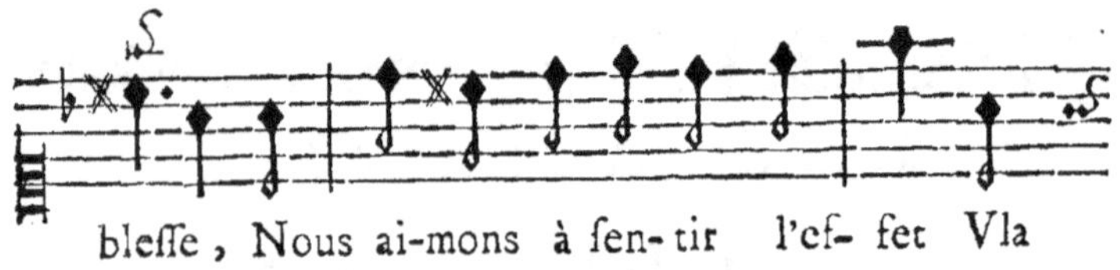
blesse, Nous ai-mons à sen- tir l'ef- fet Vla

comme on fait, Vla comme on fait.

Bientôt pour plaire à ce qu'on aime,
On néglige & l'on quitte tout,
Ennuyé par le plaisir même
Pour l'amour seul on a du goût;
L'instant vient où l'on se déclare,
Sous un air soumis, on paroît,
Dans un tendre aveu l'on s'égare
Et l'on dit plus qu'on ne devroit.
Vla comme on fait. *bis.*

Habile à faire la peinture
D'un feu qui doit toûjours durer,
On soupire, on promet, on jure
De ne jamais se parjurer;
On prend à témoin la nature:
Ah! ne jurés plus; on vous croit,
Flatté d'un aussi bon augure,
Pour ce jour on est satisfait.
Vla comme on fait. *bis.*

Pour insinuer la fleurette,
On forge une tendre Chanson
Et la Belle qui la repette,
Avale un amoureux poison:
Mais pour achever sa défaitte,
En Vers on trace son portrait,
Elle s'y voit belle, bienfaite,
Tout en elle est noble, est parfait.
Vla comme on fait. *bis.*

Après quelques mois de constance,
On fait valoir jusqu'aux soupirs,
Et l'on prétend qu'à l'espérance
Doivent succéder les plaisirs;
Crainte de passer pour ingratte,
Le Belle en tremblant, tout permet,
Aidé d'un discours qui la flatte,
A la cause on unit l'effet,
Vla comme on fait. *bis.*

Mais l'amour que l'on récompense,
Dégénere & se refroidit,
On tombe dans l'indifférence,
Adieu tout ce que l'on a dit;
Ensuite on rit de sa promesse,
Comme d'un frivole projet,
Et d'Amant rempli de tendresse,
On devient ingrat, indiscret,
Vla comme on fait. *bis.*

LES AMANS
TELS QU'ILS DEVROIENT ESTRE.
MUSETTE DE NAIS.

A Notre bon- heur l'Amour pré- si- de,
Des or- nemens du Temple de gnide,

C'eſt lui qui nous choi- ſit nos Ber- gers :
Il dé- co- re nos ri- ans ver- gers.

C'eſt là qu'il re- çoit nos ſa- cri- fi- ces ;

Sous les doux auſ- pices, Des tendres de- ſirs,

Et ſur ſes Au- tels l'encens qui fu- me,

Ja- mais ne s'al- lu- me Que par nos ſou- pirs.

Du fragile agrément d'être belle,
Nous ne tirons point de vanité,
Chez nous les attraits d'un cœur fidelle
L'emportent ſur ceux de la beauté :

Auſſi nos Bergers dans leur hommage
N'ont point le langage
Des trompeurs amans ;
Leur talent eſt de peindre à notre ame,
Leur ſincere flame
Par les ſentimens.

Nous ignorons les triſtes allarmes,
Aux tourmens notre cœur eſt fermé ;
Si notre Berger répand des larmes
C'eſt du plaiſir de ſe voir aimé :
Plus il eſt ſûr de notre tendreſſe
Et plus il s'empreſſe
De la mériter ;
Le feu délicat qui nous anime,
Nourri par l'eſtime
Ne fait qu'augmenter.

Aux douceurs d'une juſte eſpérance
Un Berger conſtant peut ſe livrer,
L'inſtant vient où notre réſiſtance
Dans les vrais plaiſirs doit expirer ;
Mais l'amant à qui l'on rend les amres
Des vives allarmes
Sçait nous préſerver,
Et plus ardent après la victoire
Il trouve ſa gloire
A la conſerver.

COUPLETS en remerciment d'un étuy garni de pluſieurs plumes d'Or, donné à l'occaſion d'un petit ouvrage.

Je garderai toute ma vie
Ce présent si digne d'envie ;
Quel choix ! qu'il est galant sur-tout,
Les mains dont il sort l'embellissent :
On voit toujours régner le gout
Dans ce que les Graces choisissent.

Oui chaque plume m'est si chere,
Que le tendre Dieu de Cythere
Me proposeroit vainement
De changer contre de plus belles,
J'y perdrois trop assurément,
Même en choisissant dans ses aîles.

Quels yeux! quels traits! quels.. Je soupire.
Mais pour réprimer mon délire,
Je vois le respect accourir :
Rang fâcheux ! cruelle distance !
Si vous m'enlevez le desir,
Laissez-moi la reconnoissance.

CHANSONS GRIVOISES.

SUr l'port a- vec Ma- non un jour, J'lengueusois

en façon d'A-mour; Ai-sément ce- la se peut

croi- re : Un fa- rot s'en vint près de nous

On parle,

En voulant ly fair les yeux doux.

Saquergué dame moy qui ſuis jaloux ; vouloir me ſouffler ma parſoniere c'eſt me licher mon beure & me prendre pour un gonze.

J'veut être un chien Ya coup d'pied, y a coup d'poing

J'ly caſſis la gueule & la ma- choi- re.

La Sentinelle qu'étoit-là
S'en vint pour mette le Zholà,
Y aiſément cela ſe peut croire ;
Parſ que j'lui dis de ſe r'tirer,
Voulut-y pas ſur moy tirer :

Moi qui ſuit un vivant de Loches j' vous ly crache ſur l'amorce & j'vous ly rend ſon intention toute honteuſe & par la d'ſſus ;

J' veut-ête un chien,
Y à coup d'pied, y à coup d'poing,
J' ly caffis la gueule & la machoire.

Ma Maîtreffe & moy je partons
Pour rib[illegible]tter aux Porcherons,
Y aifément cela fe peut croire;
Un gueux d'carosse qui paffit,
Tous les deux nous éclabouffit:

Moi qu'étoit avec du fefque qu'aime la propreté & qui ne veut pas qu'on ly tache fon linge [illegible] raifon.

J' veut-ête un chien, &c.

Ça nous équipit nos bas blancs,
J'e[illegible]uions fait comme des Chnapans;
Y aifément cela fe peut croire;
U[illegible] ptit Abbé qui nous voyoit,
[illegible] voulant nous gouayer, rioit;

[illegible]'ês donc Monfieux [illegible]hérubin? eft-ce qu'vous ê[illegible]s échapé du Paradis pour vous ficher du [illegible]

J' veut-ête un chien
[illegible]'foulier, à coup d'poing,
[illegible]s la gueule & la machoire.

A la barriere j'arrivons,
Un tas de Commis j'y trouvons;
Y aisément cela se peut croire,
J' leus ôte mon chapeaut en passant,
Yls chifflent au lieur d'men rendre autant;

Moi qui n'aime pas qu'on me prenne pour une Dragédie; j'leux dis Messieux, t'nés vous ben.

J'veut-ête un chien, &c.

J'entrîmes cheux un cabaret,
On nous donit du vin clairet,
Y aisément cela se peut croire,
Le Garçon nous aporte après
Des verres qui n'étiont pas nets;

J'lis dis Cadet! Plait-y Monscieux? J'te va rincer moy; ne vouloit-y pas m'faire acroire que la poussiere étoit une paille; moy qui m'y connoit.

J'veut-ête un chien, &c.

On nous aportit du jambon,
Milguieux qui n'étoit pas trop bon,
Y aisément cela se peut croire;
L'Hôtesse s'en vient près de nous,
En disant, qu'ça valoit dix sols:

Moi qu'ay la rime en main, j'vous ly donnis des F. en payement. Alle ne vouloit pas m'rende mon reste.

J'veut-ête un chien, &c.

Voyant qu'dans l'jardin on danſoit,
J'allons danſer note menuet;
Y aiſément cela ſe peut croire,
L'ſacré violon qu'avoit joué faux,
Voulut me d'mander des noyaux:

Des!... attends Monſieux ſans accords, j'te vas donner un à compte pour avoir une compreſſe.

J'veut-ête un chien, &c.

A la fin du jour ſans témoin,
J'mene Manon dans un ptit coin,
Y aiſément cela ſe peut croire;
J'lui dis Mlle faut un ptit brin
Conſentir à mon cœur, ou bien

Sur l'reſpect que j'dois à vote ſageſſe; croyés moy c'eſt une douceur dont auquel vous pourés dire qu'ceſt vray; ne r'culés pas, car,

J'veut-ête un chien, &c.

Quand ça fut fait j'bumes d'miſtier,
Eh puis je r'tournimes dans l'quartier,
Aiſément cela ſe peut croire;
Sa Mere à qui j'la r'conduiſis,
Voulut-y pas li chercher bruit;

Doucement Madame Baguel; vote fille eſt honête; point d'rigueur; j'en ſommes aux accordailles; j'ons des preuves qu'alle est bonne à marier & finissons ça aussi non.

J'veut-ête un chien
Y à coup d'pied, y à coup d'poing
J'vous casseray la gueule & la machoire.

HISTOIRE
DE MADEMOISELLE MANON.

QUi veut sa- voir l'histoire en- tie- re, De

Mansel-le Ma- non la coutu- riere, Et de Mon-

sieu son cher A- mant, Qui l'aimoit za- mi-

ca- ble- ment.

Ce jeune homm' cy t'un beau Dimanche,
Qu'il buvoit ſon d'miſtier à la croix blanche
Fut accueilly par des Farots
Qui racollent zen magner' de crocs.

L'un d'eux l'y dit voulés vous boire
A la ſanté d'un Roy couvert de gloire
A ſa ſanté ? dit-y, zoui da
Il mérite ben s't'honneur là.

Y n'eut pas plutôt dit la choſe
Qu'un racolleur dix écus ly propoſe,
En luy diſant en abbregé,
Qu'avec eux t-il eſt zengagé.

Oh s'neſt pas comm'ça qu'on zengage,
Répond le jeun' garçon faiſant tapage,
Y au guet! Y au guet! Y au guet! Y au guet!
Le guet vient pour ſçavoir le fait.

Pour afin d'éclaircir l'affaire
L'guet les meſne tretous cheux l'Comiſſaire
Qui condamne l'jeune garçon
D'aller faire un tour t'en priſon.

Ah voyés-t'un peu l'injuſtice
De ces Meſſieux les gens de la Juſtice
Ils vous jugeont ſans Jugement
Sans ſçavoir l'queul qu'eſt l'inocent

Sachant cela Manon zhabile
S'en va tout droit de cheux M. d'Marville
Pour lui raconter zen pleurant
Le malheur de ſon accident.

Monſieux l'Lieutenant de Poilice
Soit par raiſon d'Etat, ou par malice
Dit Man'ſell' quoiqu'vous parlés bien
Vot ſerviteur vous n'aurés rien.

La d'ſſus ſte pauvre chere Amante
Pleure encore un ptit brin pour qu'ça le tente;
Mais voyant qu'ça n'operoit pas,
Pour la Cour all part de ce pas.

A Fontainebleau zelle arrive,
Quaſi preſque toute auſſi morte que vive,
S'jette au col de M. d'Villeroy,
Qu'alle prit dabord pour le Roy.

Monſieux, vot'ſarvante. . . . J'ſuis l'votre,
S'neſt pas moy qu'eſt l'Roy, dit-il, c'eſt un autre
Mon enfant t'nés, l'vla tout la bas. . . .
Ah Monſieux je l'vois, n'bougés pas.

Sire, eſcuſés ſi j'vous dérange;
Mais c'eſt que je ne dords, ne bois, ny mange
Du depuis que l'Amant que j'ay
Sur vot' reſpect eſt engagé.

On zya forcé ſa ſigniature,
De ſigner un papier plein d'écriture,
Il ne ſeroit point zenrolé,
Si y on ne l'avoit pas violé.

Le Roi qu'eſt la Juſtice même,
Dit vous mérités qu'vote amant vous aime,
Puis lui fit donner mil zécus
Et le congé par la deſſus.

Ah! dit-elle, Roi trop propice
S'il y avoit queuqu' choſe pour vot' ſervice
Je pourrions nous employer da...
L'Roi dit qu'il n'vouloit rien pour ça.

De Paris regagnant la Ville
Elle reva de cheux M. d'Marville,
M'faut mon amant, rendés le moi
T'nés liſés, v'la l'ordre du Roi.

Il eſt trop tard Mademoiſelle,
Quand il s'roit encor plus tard ly dit-elle,
M'faut mon Amant, je l'veut avoir
Non pas demain, mais drès ce ſoir.

L'Magiſtrat voyant ben que s'tordre
Alloit lui donner du fil à retordre,
Fit venir le jeune garçon
Et puis le remit à Manon.

Vous jugés comme ils s'embrassirent
Et puis ensuite comme ils s'épousirent,
Et l'on entend dire en tout lieu,
Qu' c'est un petit ménage de Dieu.

Filles qui faites les fringantes,
Parmi vous trouve-t'-on de tell's amantes,
Profités de cette leçon,
Vous aurés le sort de Manon.

SUR LE MARIAGE DE M. LE DAUPHIN.

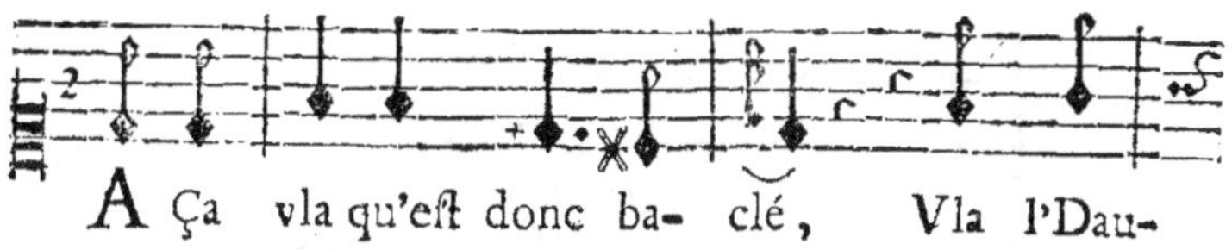

J'avons pris la liberté,
Dauphine en zhumant l'rogome,
De boire à vote santé,
Sans oublier, Monsieur vote homme,
Vous aimés st'époux Royal,
Tout l'Univers est vot rival. bis.

Vous trouvés en note Roy
Les entrailles d'un vrai Pere
Je l'connoissons, c'est pourquoy
J'vous disons ça, c'est note maniere
Hé! Puisqu'il nous aime tous,
Que ne fera-t-y pas pour vous. bis.

Ne vous lassés point d'admirer
La Reine & Memselles ses Filles,
Conv'nés qu'on n'peut guerre entrer
Dans de plus meyeure famille :
Cheux ell' l'esprit, la vertu
Y sont à bouche que veux tu. bis.

Maurice nous est allié,
Par la gloire & sa vayance
Au gré de note amitié
Le vla le parent de la France,
Dam' quand on s'lie, il faut s'lier
Avec le gens du mêm' metier. bis.

J'gage qu'un litron d'Rimeux
Vont t'étourdir d'leux ramages,
Et qui front cheux d'zimprimeux
Mouler ton nom & leurs zhommages,
Et par l'intérêt menés
Vendront l'zencens qu'ils t'ont donnés. bis.

SUR LA PRISE DE BERGOBSOM.

pin- cé Bergob- som, Vantés qu'c'est un fier
moule à Te De- um.

Spinola près de Lowendale *bis.*
N'eſt morgué qu'un Heros de bal *bis.*
L'un mollit devant les pucelles,
L'autre entre & fait ſon lit cheux elles.

S'tenpendant pourtant l'Gouverneur *bis*
Qui d'Bergopſom étoit l'Souteneur. *bis.*
Voulut faire l'fendant ! .. Mais zeſte,
Lowendal lui ficha ſon reſte.

Tien ſaquergué rien que ſon nom *bis*
Fit autant d'effet que l'Canon. *bis.*
C'eſt qu'dans ſte famille là, l'courage,
Eſt l'plus fort de leur héritage.

Le Roi qu'y a vraiment l'cœur Royal *bis.*
Tout d'ſuite vous l'a fait Marichal. *bis.*
Dam vis-à-vis un Roi qui penſe,
Le mérite a d'la récompenſe.

Louis en gloire eſt connoiſſeur *bis.*
Car s'te Déeſſe là y eſt ſa ſœur, *bis.*
On doit les nommer dans l'Hiſtoire,
Les deux Gémeaux de la Victoire.

J'nons rien, mais c'eſt aſſés pour moi *bis.*
Qu'un ſeul regard de note Roi, *bis.*
Quand l'Soleil donne ſur une plante,
Ses Rayons, la rendont vivante.

Dans ſte Chanſon gnya guerr' d'eſprit *bis.*
Mais le cœur ſait ben ce qu'il dit, *bis.*
Et puis ſouvent tel qui nous gouaille,
En beau ſtile n'dit rien qui vaille.

AIR.

PUifque pour notre Roi, chacun fait des chan-

fons, J'aurons même honneur qu'eux, fi comme eux

j'en fai- fons: Meffieux les beaux ef- prits pen-

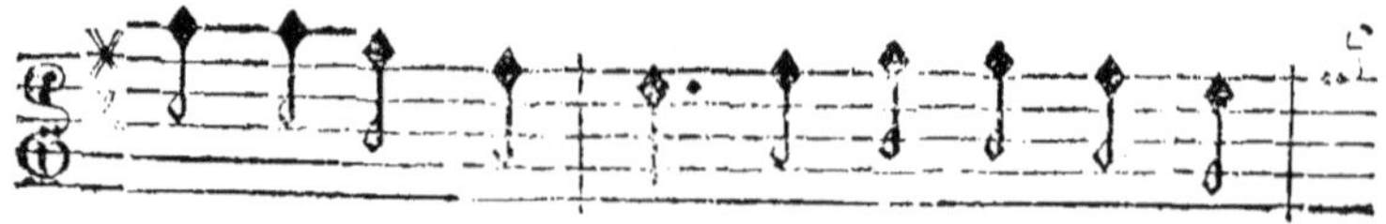

font ce qu'ils di- font, Et nous au-tres je

di- fons ce que je pen- fons,

Louis, ſi je n'avons point zaprit à rimer,
J'ons un plus beau talent, c'eſt ſtila de t'aimer ;
De ſon bras, de ſon cœur, te ſert un grenadier,
Un poëte avec ſes vers, ne te ſert qu'en papier.

Un tas de chien d'Auteurs, avec leur beau jargon,
Débaptiſent Cézar, pour te donner ſon nom ;
T'appellent auſſi Titus ; ils en avont menti,
T'es plus grand que tout ça, car ton nom eſt Louis.

De quoi ſe mêlont-ils de copier tes exploits,
Voyont-ils comme nous, le travail que tu fais ;
C'eſt à nous d'en jazer, leurs ſacrés gueux d'écrits,
Valont-ils le proverbe, de vive Louis ?

Tous ſont des engueuzeux, & quant-ils t'ont chanté,
Ils ſarviont moins ta gloire, que leur vanité ;
C'étoit pour qu'on leur dit, en verté d'Dieu, Monſieur,
Faut avoir ben d'leſprit pour faire tout ça par cœur.

FIN.

www.ingramcontent.com/pod-product-compliance
Lightning Source LLC
LaVergne TN
LVHW012009160826
845678LV00002B/737

* 9 7 8 2 3 2 9 6 8 8 4 8 0 *